GOUVERNEMENT GÉNÉRAL DE L'ALGÉRIE

DISCOURS

PRONONCÉS PAR

M. Ed. LAFERRIÈRE

GOUVERNEUR GÉNÉRAL DE L'ALGÉRIE

A

L'Ouverture des Délégations Financières

LE 6 NOVEMBRE 1899

ET A

L'OUVERTURE DU CONSEIL SUPÉRIEUR

DE GOUVERNEMENT

LE 11 DÉCEMBRE 1899

ALGER

IMPRIMERIE ORIENTALE, P. FONTANA ET Cᵒ, RUE D'ORLÉANS

1899

K-S
1890

DISCOURS

PRONONCÉS PAR

M. Éd. LAFERRIÈRE

GOUVERNEUR GÉNÉRAL DE L'ALGÉRIE

A

L'Ouverture des Délégations Financières

LE 6 NOVEMBRE 1899

ET A

L'OUVERTURE DU CONSEIL SUPÉRIEUR

DE GOUVERNEMENT

LE 11 DÉCEMBRE 1899

ALGER

IMPRIMERIE ORIENTALE, P. FONTANA ET Cⁱᵉ, RUE D'ORLÉANS

1899

DISCOURS

PRONONCÉ

LE 6 NOVEMBRE 1899

A l'Ouverture des Délégations Financières

Messieurs,

En ouvrant aujourd'hui cette seconde session des Délégations financières, je dois me féliciter avec vous de l'importance et du bon renom que cette jeune et forte institution a conquis, non seulement en Algérie, mais en France, depuis que nous l'avons inaugurée ensemble. Les orateurs qui ont parlé des Délégations, au cours de l'interpellation algérienne, l'ont fait en termes sympathiques et confiants ; la publication qui a été faite de vos rapports et de vos délibérations a confirmé, une fois de plus, cette vieille vérité : A l'œuvre, on connaît l'ouvrier.

Cette œuvre, Messieurs, n'est pas restée stationnaire pendant l'intervalle de vos sessions. L'institution d'un budget spécial de l'Algérie, qui a été le principal objectif de nos communs efforts, et qui en sera le prochain couronnement, a obtenu, depuis un an, des adhésions de plus en plus nombreuses et convaincues.

Celle du Gouvernement s'était déjà manifestée lors des décrets du 23 août 1898, mais il importait qu'elle ne fut pas remise en question à la suite de changements survenus dans la direction des affaires publiques. Le Gouverneur général, à qui il incombait de seconder sur ce point le vœu des assemblées algériennes, a eu la satisfaction de reconnaître que le principe même de la réforme ne trouve plus de contradicteurs ; mais des discussions ont encore paru possibles sur les moyens de la réaliser.

Cette adhésion de principe ne s'est pas seulement produite dans les Conseils du gouvernement ; elle s'est manifestée aussi dans les milieux parlementaires, sinon par des votes qui n'ont pu encore être provoqués, du moins par les déclarations de plusieurs orateurs et par l'assentiment qu'elles ont reçu.

Vous savez aussi quel interprète autorisé de ses vœux l'Algérie possède, devant la Commission du budget, en la personne de l'honorable M. Le Moigne, rapporteur du budget algérien. Il renouvellera et accentuera cette année — il m'autorise à vous le dire — les déclarations qu'il avait déjà faites, l'année dernière, en faveur du budget spécial.

Notre cause vient enfin d'être, pour la première fois, exposée et défendue devant la plus haute juridiction financière du pays, devant la Cour des comptes, que son éminent procureur général, M. Félix Renaud, a bien voulu entretenir du budget spécial de l'Algérie à son audience solennelle de rentrée. Je suis sûr d'être votre interprète auprès de M. le procureur général près la Cour des comptes, en le remerciant de l'esprit de justice et de sympathie pour l'Algérie, qui règne dans cette remarquable étude.

On peut donc considérer aujourd'hui la réforme comme acquise en principe, mais il reste à assurer son application.

L'étude approfondie, à laquelle vous vous êtes livrés pendant votre dernière session, vous a fait reconnaître que deux systèmes étaient particulièrement dignes de votre examen : l'un, qu'on a qualifié de budget intégral, tend à soumettre à un même régime financier l'ensemble des dépenses civiles effectuées dans la colonie, avec cette indication que les unes seront obligatoires et les autres facultatives, et que l'équilibre des recettes et des dépenses sera assuré, s'il y a lieu, par une subvention de l'Etat.

L'autre système soumet à un régime et à des autorités différentes les dépenses de souveraineté et les dépenses coloniales proprement dites, attribue à chacune d'elles une part des recettes, et laisse à l'Etat ou à la Colonie le soin d'équilibrer le budget qui lui incombe et le droit d'employer librement les excédents qu'il réalise.

Sans méconnaître la valeur du premier système, les Délégations financières, le Conseil supérieur et le Gouverneur général, ont, il y a un an, donné leur préférence au second, qui paraissait d'ailleurs se dégager du rapport présenté par M. le Président du Conseil à M. le Président de la République, à l'appui des décrets du 23 août 1898.

Il vous semblait que l'autonomie des services coloniaux serait mieux assurée si ceux-ci n'étaient subordonnés au vote d'aucune subvention, et s'ils étaient dotés de ressources propres assez largement calculées pour fournir, en outre, tout ou partie du gage d'un emprunt.

Nous avions peut-être eu tort, Messieurs, tout en donnant nos préférences à ce système, de ne pas faire connaître en même temps que nous n'avions pas de parti-pris contre un système différent, à condition bien entendu, qu'il assurât à l'Algérie des franchises financières équivalentes.

C'est sans doute pour ce motif que M. le Président du Conseil a bien voulu nous inviter à reprendre sur ce point notre étude et en indiquer les principales données dans le passage suivant d'une dépêche qu'il m'a fait l'honneur de m'adresser le 1er septembre :

« Si vous voulez bien me le permettre, dit-il, j'esquisserai ici dans ses grandes lignes un autre projet, qui tout en différant profondément du précédent, ne serait pas moins, je crois, de nature à donner satisfaction dans ce qu'elles ont de légitime aux tendances des populations placées sous votre autorité.

« Comme aujourd'hui, le budget de l'Algérie serait un, toutes les parties en seraient soumises au vote, non plus seulement à l'avis, des Délégations et du Conseil supérieur.

« Mais pour assurer l'exécution des services qui, à raison de leur objet, ne pourraient rester subordonnés, en dernière analyse, à la décision d'assemblées locales, tout ce qui se rattache à ces services revêtirait un caractère obligatoire et pourrait être inscrit d'office au budget par le Gouvernement. Une subvention de la Métropole couvrirait le déficit que laisserait subsister l'application aux dépenses de l'Algérie du produit de tous les impôts qui y sont perçus. Les représentants de la Colonie seraient d'ailleurs admis à créer, sous certaines conditions, des taxes locales.

« Enfin l'ensemble des recettes et des dépenses de notre possession africaine serait présenté, chaque année, à l'homologation de la Chambre des députés et du Sénat.

« Mais avant de pousser plus loin l'élaboration d'un projet conçu dans ce sens, je considère comme indispensable d'avoir l'opinion des grands corps élus de l'Algérie sur les principes qu'il met en jeu. C'est là un élément d'appréciation capital, non moins que votre avis personnel, que je vous serais reconnaissant de me faire parvenir, lorsque vous m'adresserez le compte-rendu des travaux des Délégations et du Conseil Supérieur. »

Nous n'avons pas, Messieurs, à préjuger quelles pourront être les conclusions de l'étude à laquelle le Gouvernement veut bien nous convier, mais je crois que nous serons unanimes à remercier M. le Président du Conseil d'avoir pris personnellement à cœur une question si capitale pour l'avenir de l'Algérie et d'avoir reconnu, en termes si explicites, au cours de son lumineux exposé, l'autorité dont les assemblées algériennes ont su se rendre dignes et leur droit de voter le budget de la colonie.

A la vérité, ce droit est présenté comme

dèvant être entouré de certaines réserves, dont il y aura lieu de déterminer la portée. Il est certain aussi que diverses questions seront à résoudre, notamment au sujet des accroissements de recettes, — soit qu'ils doivent uniquement profiter au Trésor en diminuant sa subvention, soit qu'ils doivent aussi profiter à la Colonie. — Le rôle des taxes locales dans le nouveau budget, la classification des dépenses obligatoires ou facultatives comportent aussi de sérieuses études.

Quel qu'en soit le résultat et qu'elles qu'aient été, il y a un an, nos communes décisions, nous voudrons certainement tous faire au système proposé un accueil déférent. Il semble d'ailleurs possible de lui donner confiance sans la retirer entièrement à celui qui l'a précédé ; rien ne nous contraint, ce semble, à nous renfermer dans un système exclusif qui pourrait ne pas être en faveur au moment où il s'agira de statuer, et rien ne nous empêcherait de dire respectueusement aux Pouvoirs publics : « Voilà deux systèmes ; ils peuvent réaliser l'un et l'autre, sous des formes différentes, l'émancipation économique et financière à laquelle on reconnaît que l'Algérie a droit. Veuillez choisir ; donnez à l'Algérie celui qui vous agrée le mieux, pourvu que vous lui en donniez un. Elle vous sera reconnaissante de toute solution qui hâtera la réalisation de ses vœux. »

Le budget spécial est à la fois un but et un moyen ; c'est par lui que nous arriverons à constituer le gage d'un emprunt, sans lequel l'achèvement de notre outillage serait presque indéfiniment reculé.

La nécessité d'un appel au crédit est aujourd'hui reconnue par tous ceux qui veulent bien s'intéresser à l'avenir de l'Algérie. Cette nécessité résulte de la disproportion qu'il y a entre les besoins constatés et les crédits annuels que la Métropole peut y affecter, quel que soit d'ailleurs son désir de seconder nos efforts. Si l'on compare, en effet, ces crédits avec les dépenses qu'exige l'achèvement de cet outillage — dépenses que j'ai fait évaluer d'après un programme de travaux déjà prévu et étudié par les services compétents — on voit qu'il faudrait près d'un siècle pour réaliser ce programme.

Nos routes nationales, par exemple, ont 550 kilomètres de lacunes, dont l'exécution coûterait 16 millions et demi ; les chemins non classés que demandent les assemblées locales et les populations, représentent 1,563 kilomètres de voies principales et 3,600 kilomètres de voies secondaires, devant coûter 46 millions. Nous sommes donc en présence, rien

que pour cet ensemble de voies de terre,
d'une dépense de 63 millions.

Les chemins de fer prévus et déjà partielle-
ment étudiés présentent un développement de
1,149 kilomètres pour les lignes d'intérét général, et de 953 kilomètres pour les lignes
d'intérêt local et les tramways, c'est-à-dire un
capital de plus de 180 millions, que des compagnies concessionnaires auraient à fournir,
mais auquel correspondrait, de la part de
l'Algérie, une annuité de plusieurs millions.

D'après les mêmes études préparatoires,
25 millions seraient à prévoir pour le bon
aménagement des ports, auquel concourraient
d'ailleurs les Chambres de Commerce, et
30 millions pour les travaux d'hydraulique
agricole — barrages, canaux d'irrigation,
puits artésiens, rhdirs, — qui peuvent seuls
féconder de vastes parties du territoire algérien.

Nous voilà déjà loin, Messieurs, du chiffre
de 100 millions auquel la prudence conseille
de limiter un premier emprunt, et il ne serait
pas difficile d'atteindre le chiffre de 300 millions qu'un honorable orateur a indiqué
devant la Chambre, sans soulever de protes-
tations.

C'est pourquoi il m'a paru utile de soumettre à votre examen l'ensemble de ces pré-
visions, afin que vous puissiez dès à présent

étudier sinon, un programme d'exécution, du moins un premier classement des travaux d'après leur degré d'importance et d'urgence, ainsi que la répartition à faire entre eux d'un capital-emprunt de 100 millions, et la distinction à établir entre ceux qui seraient payés ou simplement subventionnés par la Colonie.

Avant de quitter le domaine financier, je vous dois quelques indications sur une question qui vous avait, à juste titre, préoccupés l'année dernière : je veux parler de la prorogation du privilège de la Banque de l'Algérie et des stipulations nouvelles auxquelles elle pourra donner lieu.

La loi du 8 juillet 1899, qui n'a prorogé ce privilège que pour un an, n'avait évidemment d'autre but que d'ouvrir une période d'étude, pendant laquelle la véritable prorogation serait préparée. C'est ce qui vient d'avoir lieu, et je manquerais de justice envers la Banque d'Algérie, si je ne reconnaissais pas les dispositions libérales qu'elle a manifestées en cette circonstance.

Les solutions définitives étant encore soumises à la ratification des Pouvoirs publics, il ne m'appartiendrait pas de devancer les communications officielles dont elles seront l'objet. Je crois cependant pouvoir vous signaler quelques-uns des points sur lesquels ces solutions doivent intervenir : faculté d'augmentation du capital de la Banque, création de nouvelles succursales, de bureaux auxiliaires et d'agences ; escompte du papier sur l'étranger, escompte des warants agricoles ; et, en dernier lieu, une concession dont je sais trop de gré à la Banque d'Algérie, pour ne pas lui laisser la satisfaction de vous l'annoncer elle-même, dans le passage suivant de sa note, en réponse aux vœux émis par les assemblées algériennes :

« Voulant donner une dernière preuve de sa façon élevée de comprendre ses devoirs envers le pays, désirant aussi donner un haut témoignage dé déférence à M. le Gouverneur général, interprète autorisé des desiderata des assemblées algériennes, la Banque d'Algérie consentirait à tenir à la disposition de l'État une somme de trois millions, à titre de prêt sans intérêt et pour la durée du privilège. Il en disposerait en faveur des établissements de crédit agricole de la colonie, qu'il s'agisse de comptoirs régionaux ou éventuellement d'une banque centrale agricole qui pourrait, au besoin, être en rapports étroits avec la Banque de l'Algérie. »

J'ai également obtenu de la Banque que les voyageurs, se rendant d'Algérie à Marseille, pourraient échanger au pair chez ses correspondants, et jusqu'à concurrence de

2,000 francs par passager leurs billets algériens contre des billets français.

J'aborde maintenant, Messieurs, les questions de colonisation proprement dite.

Il y a aujourd'hui un an, le 6 novembre 1898, j'adressais aux chefs des services compétents des instructions tendant à faciliter l'extension des centres et l'établissement de nouvelles générations des colons. Je prescrivais en premier lieu le recensement de toutes les terres domaniales disponibles et leur figuration sur des cartes à grande échelle afin qu'on pût se rendre compte de leur situation et de leur emploi. Ce travail est presque entièrement terminé; il permet de pressentir que sur les 800,000 hectares possédés par le Domaine, 200,000 hectares environ pourront servir à la création de centres nouveaux, à l'agrandissement des centres existants et à la formation de lots de fermes destinés à être concédés ou vendus. Cette étude sera poursuivie en vue de servir de base à des propositions mieux définies qu'elles ne pourraient l'être actuellement.

Je m'étais également préoccupé de l'emploi qui pourrait être fait de la main-d'œuvre pénitentiaire pour le défrichement des terres, de manière à permettre aux concessionnaires ou acheteurs de les mettre immédiatement en valeur.

La première impression qui semble résulter des expériences qui ont été faites, c'est que la main-d'œuvre pénitentiaire serait moins indiquée pour le Tell que pour des régions plus éloignées. Dans le Tell, en effet, des chantiers libres de défrichement peuvent fonctionner dans des conditions normales et sans prix excessifs : il ne paraît pas y avoir lieu de leur susciter la concurrence d'ateliers pénitentiaires.

En tenant compte de ces constatations, qui seront d'ailleurs continuées et contrôlées, nous arriverons, je pense, à déterminer la meilleure utilisation de la main-d'œuvre pénitentiaire pour les travaux de colonisation.

En dehors de ces questions spéciales, je me suis efforcé d'obtenir la solution d'une question plus générale, que mes honorables prédécesseurs ont posée avant moi ; je veux parler de la revision du décret du 30 septembre 1878, sur les concessions de terres en Algérie. Il est aujourd'hui reconnu que le régime institué par ce décret doit être élargi, afin de donner aux exploitations agricoles du Tell assez de consistance pour assurer l'avenir des familles qui s'y sont développées, et aussi afin de rendre possible la colonisation des Hauts-Plateaux, qui exige des lots propres à l'industrie pastorale et beaucoup plus étendus que ceux qu'on prévoyait il y a vingt ans.

Il convient aussi, à raison du rapide acróis-
sement de la population agricole algérienne
et du mouvement relativement lent de l'im-
migration, de régler équitablement la part
de chacun de ces éléments, et d'élever du
tiers à la moitié la proportion des Français
d'Algérie admis dans les nouveaux centres.

Il paraît enfin désirable que les biens du
domaine en Algérie soient plus rapidement
affectés au développement de la colonisation,
et que le Gouverneur général, assisté de ses
conseils spéciaux, ait qualité pour apprécier
ceux qui ne peuvent être concédés, vendus
ou échangés. Ces desiderata et d'autres encore, dont les corps électifs de l'Algérie s'é-
taient depuis longtemps fait les interprètes,
ont été réunis dans un projet de décret que
j'ai eu l'honneur de soumettre, dès le mois
de décembre dernier, à la haute approbation
du Gouvernement.

J'aurais été heureux de pouvoir vous
annoncer aujourd'hui la promulgation de ce
décret ; je l'espérais, car M. le Président du
Conseil, ministre de l'Intérieur, avait bien
voulu lui donner son adhésion ; mais je
viens d'apprendre qu'il demeure encore soumis à l'examen d'un autre département mi-
nistériel dont l'agrément est également néces-
saire.

Les retards qui peuvent en résulter tiennent à ce qu'il y a, depuis longtemps, deux doctrines en présence sur la destination des terres domaniales en Algérie.

D'après une première doctrine, — qui n'est pas celle du Gouvernement général, — ces terres doivent être autant que possible productives de revenus pour l'Etat, et une administration vigilante doit faire en sorte que les revenus généraux du Domaine en Algérie ne subissent pas une dépression trop sensible, par suite des décisions auxquelles le Gouverneur général pourrait se laisser entraîner.

D'après une autre doctrine, les terres domaniales d'Algérie ont pour destination essentielle le développement de la colonisation. Les avantages qu'elles peuvent rapporter au Trésor sont d'ordre économique et non d'ordre fiscal ; ils doivent moins consister en redevances et en prix de vente qu'en ces produits indirects, mais certains, que procure à l'État tout accroissement de la richesse publique. C'est pourquoi les terres domaniales de l'Algérie doivent être gérées largement, sans arrière pensée fiscale, et dans un esprit d'entière solidarité avec l'œuvre de la colonisation algérienne.

L'opposition de ces deux doctrines se manifeste également dans la question des concessions communales. Là s'est posée la question de savoir si des terres primitivement concédées aux communes pour que les bestiaux des colons puissent y paître, peuvent devenir des terres productives de revenus au profit du budget communal, quand les colons ont renoncé au bétail et ont planté leurs terres en vignes. La doctrine domaniale n'autorise cette transformation qu'en vertu d'un décret du Président de la République et à condition qu'une part importante du produit soit versée au Trésor à titre de redevance. Les partisans de l'autre doctrine pensent qu'il serait plus équitable de laisser la commune jouir du mode d'exploitation le plus productif, et de ne pas disputer à des budgets trop souvent obérés un supplément de ressources précieux pour la communauté.

Espérons, Messieurs, qu'il viendra un jour où l'accord se fera, et où l'on voudra bien reconnaître que la meilleure manière de seconder les intérêts, même pécuniaires, de la Métropole en Algérie, c'est de favoriser le plus possible les intérêts individuels ou collectifs dans les centres de colonisation.

En dehors de la colonisation agricole, il existe, en Algérie, une autre forme de colonisation qui concourt elle aussi au développement de la race et de l'influence françaises : c'est celle qu'on pourrait appeler la colonisation ouvrière, plus difficile que l'autre, parce qu'elle a à lutter avec la concurrence d'une main-d'œuvre étrangère que sa grande supériorité numérique rend maîtresse du marché. J'ai essayé d'atténuer, par des mesures compatibles avec la légalité et les bons rapports internationaux, les effets de cette situation et les découragements qu'elle commençait à faire naître. Quoi de plus pénible, en effet, pour un ouvrier français débarquant sur une terre française, que de se trouver placé entre le chômage et l'acceptation d'un salaire déprimé par l'affluence et le bon marché de la main-d'œuvre étrangère, et manifestement inférieur à ses besoins ?

Ma circulaire du 5 octobre 1898, renouvelée le 18 septembre dernier avec la haute autorité du décret en Conseil d'Etat du 10 août 1899, a décidé qu'une place serait réservée aux ouvriers français sur les chantiers de l'Etat et des administrations publiques.

J'ai, en outre, invité la Délégation des non-colons à délibérer sur les divers modes d'application dont cette décision lui paraîtrait susceptible, et sur telles autres propositions que lui suggérerait la question de la main-d'œuvre ouvrière. Ses propositions, je n'en saurais douter, s'inspireront à la fois de la sollicitude que mérite l'ouvrier français, du respect dû à la liberté de l'industrie privée, et des traditions et des devoirs de l'hospitalité française.

Je ne pourrais, Messieurs, sans dépasser les bornes de cet exposé, passer en revue toutes les questions dont vous avez entrepris ou dont vous allez aborder l'étude. Elles font l'objet de notes spéciales qui vous seront incessamment distribuées.

Vous y verrez que mon administration s'est appliquée à donner suite, dans la mesure de ses pouvoirs, aux vœux que vous avez exprimés au cours de votre dernière session.

Nos populations indigènes n'ont pas été oubliées dans cet effort vers les solutions désirables. Elles savent déjà que des décisions ont été prises pour résoudre une question fiscale qui les préoccupait tout particulièrement ; qu'une autre vient d'être rendue pour assurer aux indigènes à qui des mesures de haute police paraissent applicables, une garantie de plus d'instruction consciencieuse et de juste décision. Elles savent aussi que la représentation qu'elles possèdent au sein des délégations financières assure à leurs intérêts des défenseurs autorisés, et qu'elles peuvent compter pour la protection de ces intérêts sur toute la sollicitude du Gouvernement général.

Consacrons-nous donc, Messieurs, aux travaux de cette session avec un sentiment de confiance : confiance dans le Gouvernement de la République et confiance en nous-mêmes.

Si vos attributions ne sont pas encore ce qu'elles doivent être, ne croyez pas que l'œuvre des Délégations financières, momentanément réduites à un rôle consultatif, soit infructueuse pour l'Algérie.

En dehors des idées que vous remuez et des questions dont vous préparez et indiquez la solution, vous faites pressentir à tout observateur attentif l'évolution salutaire qui commence à s'accomplir dans ce pays. Vous montrez qu'il existe, en dehors et au-dessus des groupements politiques, un grand parti économique, un parti d'union algérienne, où l'on peut venir de divers points de l'horizon sans abdiquer ses idées propres, mais en les subordonnant à l'idée supérieure de l'avenir colonial de l'Algérie.

Cet avenir ne dépend pas de l'action que la population algérienne s'efforcerait d'exercer sur les destinées de la Métropole en fournissant un modique appoint aux partis qui aspirent à les diriger ; il dépend de l'action que l'Algérie peut exercer sur ses propres destinées, par un effort concerté et fraternel de tous ses enfants vers un même but : la création d'un *self government*, — non politique assurément, — mais économique et colonial.

Les sentiments d'union et de solidarité algérienne que cette œuvre exige ne se séparent pas des sentiments d'union et de solidarité françaises et républicaines qui vous rattachent à la Mère-Patrie par des liens que rien ne saurait affaiblir ; et c'est parce que vous aurez su les confondre dans vos pensées et dans vos actes, que vous aurez bien mérité de la France et de l'Algérie.

DISCOURS

PRONONCÉ

LE 11 NOVEMBRE 1899

A l'Ouverture du Conseil Supérieur

DE GOUVERNEMENT

Messieurs,

En venant aujourd'hui, présenter au Conseil supérieur du Gouvernement, si peu de temps après la session des Délégations financières, un aperçu des questions qui semblent le plus dignes de son attention, je pourrais craindre de n'avoir à traiter devant lui que des sujets déjà soumis à de récentes études et d'être exposé à d'inutiles répétitions.

Mais le champ des questions algériennes est si vaste qu'on peut s'y mouvoir à plusieurs reprises, sans risquer de refaire le chemin parcouru, et sans même pouvoir se flatter de l'avoir exploré tout entier.

Il y a cependant une question qui doit, cette année, comme l'année dernière, être soumise au Conseil supérieur, dans les mêmes termes qu'aux Délégations financières : c'est notre grande et vitale question du budget spécial, — que je préfère appeler budget algérien, soit spécial, soit intégral, depuis qu'on a voulu créer une sorte d'antagonisme entre ces deux moyens d'atteindre un même but.

Je n'ai pas d'ailleurs à vous exposer de nouveau les éléments d'une question que vous connaissez si bien. Je vous prierai seulement d'y ajouter, comme nouvel et important objet d'étude, les indications que M. le Président du Conseil a bien voulu formuler dans sa dépêche du 1er septembre, sur la manière dont peut être conçu le plan d'un budget algérien. Ces indications qui vous sont déjà connues par la publicité qu'elles ont reçue vous seront officiellement communiquées, ainsi que les diverses propositions qu'elles ont suggérées soit aux Délégations financières délibérant séparément, soit à leur Assemblée plénière.

Outre ces documents, je crois devoir mettre dès à présent sous vos yeux une note émanée de M. le Ministre des Finances et qui figure en tête du budget des dépenses de l'Algérie pour l'exercice 1900. Cette note est ainsi conçue. :

« Pour satisfaire à un vœu souvent renou-
« velé devant le Parlement, le Gouvernement
« avait conçu le dessein d'incorporer au projet
« de loi de finances pour l'exercice 1900, une
« disposition étendant les prérogatives finan-
« cières de la colonie. Toutefois, en présence,
« d'une part, de l'importance de la réforme
« à effectuer et des difficultés qu'elle soulève,
« et d'autre part de la nécessité de faire
« aboutir rapidement le vote du budget de
« 1900, il a paru préférable d'ajourner cette
« mesure à raison des discussions approfon-
« dies et étendues qu'elle comporte. »

Vous avez déjà pressenti, Messieurs, les indications que ces déclarations vous fournissent implicitement au point de vue de la marche de vos travaux ; il me paraît d'abord en résulter qu'il y aurait lieu pour le Conseil Supérieur d'aborder sans retard la question qui lui est soumise sur la forme à donner au budget algérien ; il contribuera ainsi à résoudre les difficultés, réelles mais nullement insolubles, que signale la note de M. le ministre des finances et qui l'ont empêché de réaliser, dès le budget de 1900, la réforme attendue par les populations algériennes.

Il me paraît également résulter des termes dans lesquels la question est posée, que le

Conseil Supérieur, après avoir donné son avis
sur les moyens d'opérer cette réforme, sera
obligé de surseoir à l'examen du budget de
1901 jusqu'à ce qu'il sache comment il sera
établi. C'est là une véritable question préju-
dicielle, car on ne saurait aménager ce budget
et apprécier ses conditions d'équilibre, sans
savoir quelles seront ses charges et dans
quelle mesure il y sera pourvu par les apports
respectifs de la Métropole et de la Colonie.

La quotité même des crédits destinés aux
différents services ne pourra être déterminée
en pleine connaissance de cause que lorsque
ces questions auront été résolues. Tout porte
à croire, en effet, que vos évaluations ne
seront pas les mêmes selon que telles dépenses seront facultatives ou obligatoires, et surtout selon que le système adopté pour les
recettes laissera à notre budget plus ou moins
d'élasticité.

L'ordre de nos travaux pour le budget de
1901 me paraît donc devoir être celui-ci : tout
d'abord, délibération et avis du Conseil Supérieur sur la construction de ce budget ; trans-
mission immédiate au Gouvernement de cet
avis avec ceux des Délégations Financières
et du Gouverneur général ; puis, dès que
le Gouvernement, nanti de ces éléments
d'appréciation, aura pu arrêter et nous faire
connaître les nouveaux cadres de notre bud-

get, je m'empresserai de convoquer les assemblées algériennes et de leur soumettre un projet de budget adapté à ces cadres.

Sous la seule réserve de cet ajournement, la session actuelle sera consacrée aussi largement que les précédentes aux questions qui sont du domaine du Conseil supérieur, c'est-à-dire à toutes celles qui touchent aux intérêts matériels ou moraux de la Colonie.

On est d'accord, je crois, pour reconnaître que ces intérêts moraux ont reçu dans une large mesure la satisfaction que nous avions à cœur de leur procurer et qu'ils bénéfient de l'évolution salutaire qui s'est produite en Algérie depuis notre dernière session. Le calme de la rue, l'apaisement des esprits, permettent d'entrevoir le jour où l'union de tous les Français d'Algérie, sur le terrain de l'expansion économique et coloniale et sous l'égide de la fidélité républicaine, aura dissipé jusqu'au souvenir d'agitations décevantes et trop chèrement payées.

Nous recueillerions plus complètement, dès aujourd'hui, les profits matériels de cet état de choses, si de faux bruits, répandus avec une légèreté vraiment répréhensible sur l'état sanitaire de l'Algérie, n'avaient fait naître dans notre clientèle étrangère des hésitations que rien ne justifie.

En ce qui concerne la situation matérielle de la Colonie — et si l'on fait abstraction de la dépression passagère que la mauvaise récolte de 1899 pourra produire — les derniers résultats constatés sont des plus satisfaisants.

Le mouvement général des échanges, qui était de 572 millions en 1897, s'est élevé l'année suivante à 588 millions dont plus des trois quarts, 457 millions, sont des échanges avec la Métropole.

Pour la première fois les exportations d'Algérie en France (232 millions) ont dépassé les importations de France en Algérie (225 millions), de sorte que notre compte commercial avec la Métropole non seulement se balance, mais présente un solde créditeur de 7 millions.

Il serait intéressant d'évaluer combien ces 457 millions de marchandises circulant entre la France et l'Algérie rapportent au Trésor, soit à raison des recettes dont les compagnies de transports peuvent avoir à tenir compte à l'Etat, soit par les droits directement perçus sur les connaissements, lettres de voiture, correspondances postales ou télégraphiques auxquelles ces échanges donnent lieu. Si ce calcul était possible, ils montrerait qu'un élément appréciable vient ainsi s'ajouter aux recettes que le Trésor effectue dans la colonie et contribue à diminuer les sacrifices qu'il fait pour elle.

Ces sacrifices s'atténuent d'ailleurs chaque année par la seule progression des recettes prévues au budget. Cette progression qui, depuis une période déjà longue, a été d'un million à un million et demi par an, sera cette année de plus de quatre millions. Le *Journal Officiel* vient, en effet, de publier les recouvrements opérés en Algérie, pendant les dix premiers mois de cette année : ils sont supérieurs de 3,569,000 francs à ceux des dix premiers mois de 1898, ce qui donnerait pour l'année entière une plus-value de 4,280,000 francs, si la même proportion se maintenait pendant les deux derniers mois de l'exercice.

Il est à remarquer, Messieurs, que cette plus-value s'est produite en dehors de toute création d'impôts et par le seul fait du développement de la production. Aussi ne croyons-nous pas dépasser les bornes d'une stricte justice, lorsque nous demandons que le futur budget algérien, quelle qu'en soit la forme, laisse à la libre disposition de l'Algérie une large part des excédents dus aux efforts de ses travailleurs et aux intermittentes faveurs de son climat.

Je ne vous ai pas dissimulé, Messieurs, que les résultats de l'année 1899 seraient sans doute moins satisfaisants. Vous en savez la cause : la dernière campagne agricole n'a pas été bonne ; tout a concouru à tromper les espérances qu'elle avait d'abord fait naître : mauvaise répartition des pluies, sauterelles sur plus d'un million d'hectares, mildew, altises et sirocco exceptionnel; aussi les céréales et la vigne ont-elles été également éprouvées et nos populations européennes n'ont pas moins souffert que nos populations indigènes.

Ces mécomptes imposaient à l'administration des devoirs de prévoyance et de vigilance qu'elle s'est efforcée de remplir. Dès qu'elle a vu la récolte compromise, elle s'est fait rendre compte des rendements de chaque région, a évalué les insuffisances et s'est préparée à effectuer les prêts de semences qui seraient jugés nécessaires. D'autre part, elle a invité les professeurs d'agriculture à visiter les vignobles les plus éprouvés, à vérifier la nature du mal et à indiquer les remèdes. Des paniques non justifiées ont pu être ainsi dissipées.

Enfin des mesures ont été prises pour que la loi du 23 mars 1899 sur la reconstitution des vignes phylloxérées reçût une application immédiate. Dès le vote de cette loi, les Syndicats intéressés en ont réclamé le double bénéfice : l'abandon de la lutte là où elle ne pouvait plus vaincre le fléau, mais seulement prolonger de coûteux sacrifices, et la reconstitution aussi prompte que possible des vignobles au moyen de plants appropriés.

J'ai aussitôt prescrit l'instruction de ces demandes, car M. le Ministre de l'Agriculture et M. le Rapporteur avaient été d'accord pour déclarer devant la Chambre que la loi nouvelle pourrait fonctionner dès cette année.

Malheureusement les dates qu'elle a prévues se prêtaient mal à cette première application, et mon administration s'est trouvée dans cette situation difficile d'avoir à prendre dès le mois de juillet, date fixée par le législateur, des décisions soumises à des mesures d'instruction qui n'ont été arrêtées qu'au mois d'août par un règlement d'administration publique, et à des avis des Conseils généraux et du Conseil supérieur que je ne pouvais leur demander qu'à leurs sessions d'octobre et de décembre.

J'ai été ainsi obligé d'intervertir l'ordre de certaines procédures et de statuer par des décisions provisoires pour éviter que le bénéfice de la loi ne fût ajourné d'une année. J'espère que vous voudrez bien, en émettant un avis favorable à ces mesures, me mettre en mesure de donner à mes arrêtés un caractère définitif.

J'aborde maintenant, Messieurs, une question que vous avez toujours eue à cœur et qui présente cette année un intérêt particulier : je veux parler de la question des chemins de fer.

Vous savez que le rachat du réseau algérien par l'État est actuellement à l'étude. Informé des intentions du gouvernement, j'ai pensé qu'il y avait lieu de faire une distinction, au point de vue d'une intervention éventuelle des assemblées et des autorités algériennes, entre l'opération même du rachat et les suites qu'elle peut avoir pour l'exploitation du réseau.

En ce qui touche le rachat, on ne saurait contester à l'État la liberté de ses décisions ; d'un autre côté, le remplacement de la garantie d'intérêts inscrite au budget de l'Algérie par une annuité de rachat destinée à prendre place dans une autre partie du budget de l'État, paraît de nature à résoudre une des difficultés qui nous avaient le plus préoccupés lors de vos discussions sur le budget de l'Algérie. Vous estimiez alors que nos chemins de fer d'intérêt général créés, par la Métropole dans un but stratégique non moins qu'économique, et en vertu de contrats qui ont été son œuvre, relèvent de la Métropole avec les droits et les charges qui en dérivent. Le rachat est un de ces droits comme la garantie est une de ces charges, et il ne m'a pas paru que, dans un cas ou dans l'autre, vous fussiez por-

tés à intervenir dans les stipulations financières qui procèdent de ces contrats.

Mais il n'en saurait être de même du nouveau mode d'exploitation du réseau qui
serait adopté à la suite du rachat. Les populations algériennes sont ici directement inté-
ressées, soit qu'il s'agisse du choix à faire
entre l'exploitation en régie ou à ferme, uni-
que ou divisée, soit qu'il s'agisse de questions
de tarifs ou de mouvements de trains se rat-
tachant à un nouveau régime. Il est naturel
aussi que nous nous préoccupions du sort
d'employés et d'ouvriers algériens dépendant
des Compagnies existantes. Nous avons d'ailleurs été heureux d'apprendre que la haute
équité de M. le Ministre des travaux publics
leur a assuré les garanties auxquelles ils pou-
vaient avoir droit.

A défaut d'avis que j'aurais aimé à vous
demander sur ces différentes questions, il
vous appartiendra d'émettre des vœux sur
celles qui touchent le plus aux intérêts algériens.

Si, maintenant, nous jetons les yeux sur
l'ensemble du réseau d'intérêt général, nous
constatons, non sans regret, qu'il reste stationnaire depuis plusieurs annnées, — non au
point de vue des recettes, qui ont augmenté
de plus de sept millions depuis 1893, — mais
au point de vue de l'étendue des voies exploi-

tées, qui n'a pas progressé depuis cette époque et qui reste limitée à 2,905 kilomètres.

Il est juste de reconnaître que plusieurs lignes d'intérêt général sont à l'étude, et quelques-unes prêtes pour l'exécution : tel est le chemin de fer de Tlemcen à Maghnia et à la frontière du Maroc ; telle est aussi la ligne de Biskra à Ouargla qui inaugurera une nouvelle forme de concession combinant l'exploitation d'un chemin de fer avec la mise en valeur d'une partie des territoires traversés.

J'aurais voulu pouvoir mentionner parmi les entreprises les plus prochaines le chemin de fer de Berrouaghia à Laghouat que tant de mécomptes ont retardé. Le Gouvernement général et le département d'Alger ont multiplié leurs démarches pour hâter son exécution. J'espère qu'elles ne seront pas infructueuses, surtout si le Conseil supérieur veut bien y joindre l'autorité de ses vœux.

Il ne s'agit pas seulement, en effet, de satisfaire un intérêt départemental déjà si pressant par lui-même ; il s'agit de servir les intérêts de la colonie tout entière en reliant la partie centrale du Tell aux régions sahariennes et en lançant à travers les Hauts-Plateaux le plus puissant instrument de colonisation, la locomotive.

Nous avons été plus favorisés à l'ouest de

la Colonie : le chemin de fer du Sud oranais, longtemps arrêté à Aïn-Sefra, est à la veille d'atteindre Djenien-bou-Rezg, à plus de 500 kilomètres de la mer. De là, et sans aucune interruption des travaux, il sera poussé à 31 kilomètres plus loin, à notre nouveau poste de Zoubia, qui a reçu, il y a un an, le nom du grand explorateur français Duveyrier. Nous n'aurons plus alors qu'à franchir le col qui sépare cette région de celle de l'Oued-Zousfana pour assurer de ce côté notre pénétration saharienne et un facile accès vers les populeuses oasis du Touat. Aussi ai-je cru devoir solliciter du Gouvernement l'autorisation de mettre à l'étude ce nouveau tronçon de voie ferrée, destiné à être l'amorce d'une de ces lignes sahariennes qui doivent précéder et éclairer tout projet de transsaharien. J'ai été heureux d'obtenir cette autorisation, et j'ai aussitôt donné des instructions pour que ce tronçon soit étudié en vue d'une exécution aussi prompte que possible.

En effet, Messieurs, plus le temps marche, moins il est permis de tenir pour des conceptions théoriques ou susceptibles d'être indéfiniment ajournées ces projets d'expansion dans le Sud que mes honorables prédécesseurs ont conçus avant moi et dont je poursuis la réalisation avec une respectueuse insistance auprès des pouvoirs dont elle dépend.

Aucun scrupule d'ordre international ne peut plus, on le sait, faire échec à ces projets, depuis que la convention franco-anglaise du 5 août 1890, complétée par celle du 24 mars 1899, a reconnu comme partie intégrante de notre hinterland les territoires « situés au sud des possessions méditerranéennes de la France », c'est à-dire ceux qui s'étendent entre l'Algérie et le Soudan. Il ne s'agit donc pas de conquérir, car on ne conquiert pas son propre bien, mais seulement d'occuper en fait ce qui nous appartient en droit, de l'occuper progressivement à mesure que de grands intérêts nous conseillent, nous commandent même cet effort.

Nul doute que ces intérêts n'existent à plusieurs points de vue. Un des plus urgents est le besoin d'assurer la sécurité de nos confins sahariens, périodiquement troublée par les incursions de turbulents nomades qui inquiètent et qui razzient, avec une audace trop souvent impunie, des tribus fidèles auxquelles nous devons notre protection. Nous la devons aussi à ces vaillants explorateurs, qui viennent, plus nombreux chaque année, étudier les régions sahariennes, y frayer des routes nouvelles, y chercher des richesses qu'on n'a pu encore que pressentir, mais que l'on saura bientôt découvrir et exploiter,

Après la mission Foureau-Lamy qui a traversé le Sahara tout entier, escortée de forces algériennes qui ont partagé avec elle l'honneur de porter notre drapeau dans l'Aïr et jusqu'au Tchad, nous venons d'assister au départ de la mission dirigée par M. le professeur Flamand qui va, sous les auspices de MM. les Ministres de l'Instruction publique et des Colonies et avec l'escorte d'un de nos goums, étudier la géologie du Sahara et son hydrologie si mystérieuse encore. Cette mission sera bientôt suivie d'une importante expédition scientifique et commerciale qui s'organise en France pour explorer le Hoggar et les gisements miniers qu'on espère y découvrir.

Oui, protection est due à tous ces pionniers de la science et de la civilisation : non seulement une protection passagère pendant le parcours des régions les plus mal hantées, mais encore une protection permanente qui ne peut résulter que d'une bonne police du Sahara, assurée par l'occupation des points géographiques et stratégiques qui commandent la zone dangereuse.

Par le seul fait de cette occupation, les bandes qui infestent cette zone seront privées du ravitaillement qu'elles trouvent dans les grandes oasis qui forment le seuil de notre hinterland, et celles-ci seront en même temps

protégées contre les déprédations de l'ennemi
commun. Cette mesure suffirait sans doute
pour que les agresseurs se résignent à demander l'aman, ainsi qu'un dissident plus illustre
vient tout récemment de le faire dans une
autre région du Sud. En cas de résistance,
ils seraient facilement rejetés au delà de la
ligne de protection et d'expansion sahariennes
que cette occupation permettrait d'établir.

Cette ligne reporterait à trois degrés au Sud
celle qu'on avait provisoirement tracée en
jalonnant le désert de quelques bordjs isolés
les uns des autres et trop facilement tournés
par quiconque veut passer outre. Elle aurait
derrière elle le massif du Tadmaït qui cesse-
rait d'être un obstacle pour devenir un point
d'appui, et elle serait adossée, sur un parcours
de près de trois cents kilomètres, aux oasis
qui forment sur ce point la verte lisière du
Sahara algérien. Reliée à l'Est à Temassinin,
que sa position au croisement de plusieurs
routes de caravanes avait désignée comme
point de départ de la mission Foureau-Lamy,
appuyée à l'Ouest à l'Oued Saoura, elle serait
à la fois une ligne stratégique et politique.

Elle serait plus encore, car elle offrirait
une base d'opérations et de ravitaillement,
soit aux explorateurs, soit aux entreprises
industrielles et commerciales qui auraient le
Sahara pour objectif.

Tels sont les intérêts majeurs d'assistance pour autrui, et de sécurité pour nous-mêmes, qui me semblent réclamer cette progression vers le Sud.

Je suis ainsi ramené, Messieurs, à la fin de ce discours, à la pensée que j'énonçais au début, c'est que les questions algériennes sont assez vastes et assez variées pour solliciter non seulement l'attention, mais le concours actif de tous ceux qui veulent que notre grande colonie remplisse toutes les destinées qu'on peut espérer pour elle.

Ces destinées sont déjà grandes si l'on ne voit dans l'Algérie qu'un admirable centre de colonisation française ; elles le sont plus encore si l'on veut y voir aussi le principal foyer de civilisation européenne, d'où rayonneront jusqu'à l'Afrique centrale la science, l'esprit d'entreprise, et le génie même de notre race. Pour accomplir ces grandes tâches, et même pour les préparer, ce n'est pas trop de l'union de tous les Français d'Algérie rassemblés sous l'égide de notre grande République ; cette union même ne suffirait pas si elle n'était fortifiée par le concours de notre Métropole, à qui revient l'honneur de seconder, sur une terre qui lui appartient, les œuvres algériennes d'intérêt vraiment national.

Le Conseil Supérieur représente avec une

autorité particulière cette étroite union de la Mère-Patrie et de sa grande Colonie. Il associe dans une collaboration confiante et cordiale les représentants des populations algériennes et les hautes autorités civiles et militaires qui sont une émanation de la Métropole. Heureux si nous pouvons tous ensemble, par l'accord de ceux qui colonisent, administrent ou défendent l'Algérie, contribuer à bien servir la République et à honorer son drapeau.

INDEX DES QUESTIONS

Alger. — Imprimerie P. FONTANA et Cie, rue d'Orléans, 29.